맛있는 요리책 Cook&Cook 시리즈 Vol.3

KB250750

"오징어로
만드는
반찬&요리"

맛있는 요리책 Cook&Cook **시리즈** Vol.3

"**오징어**로 만드는 **반찬&요리**"

초판 발행 **2015년 05월 20일**
발행인 **김진용** / 발행처 (주)지원출판
편집 **이슬비** / 제작책임 **윤미경** / 마케팅 책임 **이흥연**
콘텐츠 제공 29MEDIA

도서, 마케팅 문의 전화 031-941-4474 / 팩스 0303-0942-4474
주소 **경기도 파주시 탄현면 웅지로 110번길 71** / 등록번호 406-2008-000040호
홈페이지 www.jiwonbook.com

CONTENTS

오징어이야기 | 1 오징어는 …

쫄깃쫄깃 씹는 맛에 영양가도 우수!

우윳빛 하얀 속살이 부드럽게 씹히며 구수한 맛을 내는 소리!
열 개의 다리가 맛과 영양을 빨아들이는 소리!

우수한 단백질, 아미노산이 듬뿍 들어 있는 오징어는 영양가가 높은 식품 중 하나다. 비타민 B1, B2와 소량의 비타민 A가 함유되어 있다. 연체동물에 속하는 오징어는 의외로 근육 조직이 복잡해 씹기가 힘들다. 특히 다리 부분은 더 그렇다. 그러므로 오징어를 먹을 때는 다른 식품에 비해 소화가 더디므로 꼭꼭 씹어 먹어야 한다.
한편 오징어는 인산의 함량이 지나치게 높아 강한 산성 식품으로 분류된다. 따라서 위산 과다증이나 소화불량 등 소화기 질환이 있는 사람은 삼가는 것이 좋으며, 알칼리성 식품인 채소 등과 곁들여 먹어야 한다. 가을이 되면 맛이 더욱 좋아지는데, 이때의 오징어는 살이 투명하고 껍질이 잘 벗겨진다.

오징어는 6cm의 작은 것부터 무려 18m나 되는 대왕오징어까지 종류가 대단히 많다. 하지만 식용으로 하는 오징어는 그리 많지 않다. 갑오징어, 꼴뚜기, 살오징어가 대표적인 식용 오징어이다. 갑오징

어는 우리나라 주요 어종으로 퉁퉁하고 둥근 몸통을 가지고 있다. 큰 갑오징어는 20cm 정도까지 되고 살이 두껍고 맛이 좋다. 꼴뚜기는 오징어 중 가장 작다. 젓갈용으로 수요가 많은 꼴뚜기는 몸길이가 6cm 정도이다. 살오징어는 구이, 튀김 등의 요리에 많이 쓰이고 마른 오징어로도 가공한다.

오징어는 약간 푸르스름하면서도 회색 빛이 도는 것이 신선하다. 전체적으로 검붉은 색이 나면 신선도가 떨어지는 것이므로 선택할 때 유의한다. 눈은 튀어나와 있고 다리의 흡판이 정확히 붙어 있으며, 이 흡판의 빨아당기는 듯한 느낌이 강할수록 신선하다. 다리가 떨어져 나간 오징어라면 이미 오래된 것이므로 선택하지 않는 것이 좋다.

신선한 것은 투명한 느낌이 나며 배 쪽에 검은 빛의 작은 반점이 선명하다. 신선도가 좋을수록 껍질도 쉽게 벗겨지는데, 소금을 이용하면 더욱 쉽다.

국내산 오징어	vs	수입산 오징어

** 몸통은 대부분이 적갈색을 띠고 있다.

** 짧은 다리 8개의 길이 및 굵기가 대체적으로 동일하다.

** 흡반이 선명하고, 탈락된 것이 거의 없으며 뚜렷하다.

** 살은 탄력이 있어 보이며, 눈은 광택이 있고 뚜렷하다.

** 몸통은 대부분이 흰색이다.

** 짧은 다리 8개 중 가운데 2개가 상대적으로 가늘다.

** 흡반이 탈락된 것이 많고, 뚜렷하지 않다.

** 살은 물러 보이며, 눈은 광택을 잃은 상태다.

오징어무즙조림 _ 4인분

재료와 분량
오징어 2마리
소금 약간
달걀 흰자 1개분
녹말가루 적당량
무 간 것 1컵
붉은 고추 1개

ⓐ **양념**
멸치맛국물 1½컵
청주 2큰술
맛술 2큰술
간장 3큰술

이렇게 만들어요

1 오징어는 손에 소금을 묻혀가면서 껍질을 벗긴 다음 1cm 두께의 링 모양으로 자른다. 다리도 3cm 길이로 자른다.

2 ①의 오징어는 달걀 흰자를 묻힌 후 녹말가루를 고루 묻힌다.

3 프라이팬에 기름을 두르고 ②를 넣어서 노릇하게 지진다.

4 무 간 것은 체에 밭쳐 물기를 빼고, 붉은 고추는 둥글게 썬다.

5 냄비에 ⓐ의 양념을 넣은 다음 끓으면 붉은 고추와 오징어 지진 것을 넣어서 끓인다.

6 끓어오르면 무 간 것을 넣어서 한소끔 끓인 후 그릇에 담아 낸다.

Cooking Tip

오징어 표면에 칼집을 넣는 이유는 모양 내기에 중요한 역할을 하기도 하지만 오징어 살을 연하게 만드는 효과가 있기 때문이다. 오징어는 산성 식품이므로 알칼리성 식품인 채소를 곁들여 먹는 것이 바람직하며, 소화력이 약한 사람보다 소화력이 왕성한 어린이와 청소년들의 간식이나 밥 반찬으로 좋다.

오징어냄비
_ 4인분

재료와 분량
오징어 1마리
닭고기 50g
당근 1/2개
무 100g
모시조개 4개
대파 1대
두부 1/2모
배춧잎 1장
쑥갓 50g
표고버섯 4개
가쓰오부시 맛국물 2컵
간장 1/2큰술
청주 1큰술
소금 약간

초간장
간장 3큰술, 식초 3큰술
청주 1작은술, 맛술 1작은술
가쓰오부시 약간

이렇게 만들어요

1 오징어는 껍질을 벗겨서 배쪽에 칼집을 넣어 한입 크기로 자른 다음 끓는 물에 데쳐서 건진다.

2 닭고기는 먹기 좋게 잘라 끓는 물에 한 번 데쳐서 건진다.

3 무와 당근은 모양틀을 이용해서 모양을 낸 다음 끓는 물에 삶아서 준비한다.

4 배추는 한 입 크기로 칼을 비스듬히 눕혀서 어슷하게 썬다.

5 두부는 도톰하게 한 입 크기로 썰고, 모시조개는 소금물에 담가서 해감을 토하게 한다.

6 표고버섯은 기둥을 떼어내고 윗면에 칼집을 넣어서 준비한다.

7 대파는 어슷하게 썬다.

8 냄비에 준비한 재료를 보기 좋게 담고, 맛국물을 부어서 끓인다. 끓이면서 생기는 거품은 걷어낸다.

9 청주를 넣고 소금으로 간한 후 간장으로 엷게 색을 낸다.

10 쑥갓은 작은 송이로 뜯어서 마지막에 넣는다.

11 분량대로 재료를 섞어 초간장을 만들어 함께 낸다.

김치오징어무침 _4인분

재료와 분량
오징어 2마리
무 200g
김치 200g
실파 3줄기
소금 약간

무침 양념
설탕 2큰술
식초 3큰술
참기름 · 깨소금 1큰술씩
다진 마늘 1/2큰술
고춧가루 2큰술

이렇게 만들어요

1 오징어는 손질해서 끓는 물에 소금을 약간 넣고 데친 다음 1cm 두께의 링 모양으로 썬다.

2 무는 4㎝ 길이로 굵게 채 썰어 소금에 절인다. 무가 절여지면 물에 한 번 헹구어 물기를 꼭 짠다.

3 김치는 속을 약간 털어내고 물기를 꼭 짠 후 4㎝ 길이로 굵게 채 썬다.

4 실파는 다듬어 씻은 다음 4㎝ 길이로 썬다.

5 ②의 무에 고춧가루를 넣고 버무려 물들인 후 김치와 오징어를 넣고 무침 양념 재료를 넣어서 무친다.

6 실파를 넣고 살살 버무린 다음 그릇에 담아 낸다.

1 오징어는 몸통을 가르지 않고 둥글게 손질한 후 데쳐서 링 모양을 살려 썬다. 껍질은 벗기지 않고 사용한다. 2 무는 4cm 길이로 굵게 채 썰어 소금에 절였다가 물기를 짜내고 고춧가루를 넣어 버무려 물들인다.

오징어녹차잎쇠고기찜 _ 4인분

재료와 분량

중간 크기 오징어 3마리
소금 · 청주 약간씩
밥 2컵
쇠고기 다진 것 100g
잎녹차 2큰술
피망 1/2개
붉은 피망 1/2개
소금 · 후춧가루 약간씩
다진 파 1큰술
다진 마늘 1작은술
깨소금 · 참기름 1큰술씩

고추냉이 초간장

간장 · 식초 · 물 1큰술씩
고추냉이 갠 것 약간

이렇게 만들어요

1 녹차잎은 끓인 물에 불려두었다가 찬물에 담가 떫은 맛을 제거한다.

2 피망은 곱게 다진다.

3 오징어는 배를 가르지 말고 내장을 제거한 후, 껍질을 벗기고 소금으로 문질러 깨끗이 씻는다.

4 소금과 청주를 조금씩 넣고 끓인 물에 오징어를 살짝 데쳐낸다.

5 오징어 다리는 곱게 다져 준비한다.

6 잎녹차는 물기를 뺀 후 다져서 준비한다.

7 볼에 밥을 넣고 다진 쇠고기와 다진 오징어 다리, 다진 피망을 넣어 잘 섞은 다음 갖은 양념을 넣고 고루 섞어 오징어 소를 만든다.

8 오징어 몸통에 꼬치로 공기구멍을 낸 후 안쪽에 밀가루를 얇게 펴 바르고 ⑦의 소를 3/4 정도 채운 다음 꼬치로 입구를 꿰맨다.

9 김이 오른 찜통에 젖은 거즈를 깔고 오징어를 얹어 중불에서 20~25분 정도 찐다.

10 ⑨를 한 김 식힌 후 1cm 두께로 썰어 고추냉이 초간장을 만들어 곁들여 낸다.

다시마오징어말이 _ 4인분

재료와 분량
염장다시마 200g
오징어 1마리
당근 1/2개
실파 50g

ⓐ **양념**
고추장 · 식초 2큰술씩
설탕 · 물 1큰술씩
다진 마늘 1작은술

이렇게 만들어요

1 염장다시마는 물에 씻어서 소금기를 뺀 다음 다시 찬물에 담가 짠맛을 없앤다.

2 오징어는 다리를 당겨서 내장을 제거한 뒤 껍질을 벗겨 배를 가른다.

3 손질한 오징어는 끓는 물에 넣어 데쳐서 건져놓는다.

4 당근은 길이로 길게 0.5cm 두께로 썬 다음 끓는 물에 넣어 데쳐서 건진다.

5 실파는 껍질을 벗겨 오징어 길이대로 썬다.

6 다시마를 건져서 물기를 완전히 뺀 다음 김발에 편 다음 데친 오징어를 놓은 뒤 그 위에 당근과 실파를 얹는다. 김밥을 싸듯이 단단하게 돌돌 만 다음 먹기 좋게 썰어서 그릇에 담는다.

7 볼에 ⓐ의 양념을 골고루 섞어서 만든 초고추장을 곁들여 상에 낸다.

오징어꼬치구이 _ 4인분

재료와 분량
오징어 1마리
소금 · 검은깨 약간씩

양념장
달걀 노른자 2개
소금 1작은술
맛술 · 청주 1큰술씩
흰후춧가루 약간

이렇게 만들어요

1 오징어는 다리를 당겨 내장을 제거한 뒤 껍질을 벗겨 깨끗하게 손질한다.

2 ①의 오징어는 배쪽에 칼집을 넣은 뒤 4cm 크기로 잘라 꼬치에 보기 좋게 꿴다.

3 ②는 끓는 물에 넣고 데쳐서 건진 뒤 물기를 뺀다.

4 ③에 소금을 뿌려 잠시 재어둔다.

5 볼에 양념장 재료를 넣고 골고루 섞는다.

6 소금을 살짝 뿌려놓은 오징어에 ⑤의 양념을 바른 다음 그릴에 넣어 노릇하게 구워낸다. 검은 깨를 뿌려서 그릇에 담아 낸다.

마늘향 오징어 구이
_4인분

재료와 분량
오징어 1마리

소스
다진 마늘 1큰술
버터 3큰술
다진 파슬리 1/2큰술

이렇게 만들어요

1 오징어는 다리를 당겨서 나오는 내장과 다리에 붙어 있는 눈을 깨끗이 제거한다.

2 ①의 오징어는 깨끗하게 씻어 물기를 닦은 뒤 몸통에 1cm 간격으로 2군데 칼집을 넣은 다음 3번째에서 잘라낸다.

3 다리는 끝부분을 조금 잘라내고 소금물에 바락바락 주물러 씻어 준비한다.

4 볼에 소스 양념을 넣고 고루 섞어둔다.

5 철판에 호일을 깔고 준비한 오징어를 놓는다. 여기에 ④의 소스를 1작은술씩 얹는다.

6 ⑤를 그릴에 넣고 약한 불에서 노릇하게 구워낸다.

오징어전 _ 4인분

재료와 분량

오징어 1마리
피망 1개
옥수수 통조림 4큰술
김 1/2장
달걀 1개
밀가루 4큰술
소금 · 후춧가루 · 샐러드유
약간씩

이렇게 만들어요

1 오징어는 다리를 당겨서 내장을 제거한 뒤 흐르는 물에 깨끗하게 씻는다.

2 끓는 물에 ①의 오징어를 넣어 데쳐서 건져낸다.

3 데친 오징어는 1cm 두께의 링 모양으로 썰고, 다리는 잘게 다진다.

4 볼에 달걀을 풀어놓는다. 피망은 0.5cm 각으로 썰고, 옥수수 통조림은 망에 건져 물기를 뺀다.

5 달걀을 풀어놓은 볼에 피망과 오징어 다리, 옥수수, 밀가루(1큰술)를 넣고 잘 섞은 뒤 김을 잘라 넣는다. 소금과 후춧가루를 넣어 간한다.

6 링 모양으로 썬 오징어에 밀가루(3큰술)를 묻히는데, 이때 안쪽까지 고루 묻힌다.

7 프라이팬에 기름을 두르고 밀가루를 묻힌 오징어를 올린 다음, 링 안쪽에 ⑤를 꼭꼭 채워 넣는다. 앞뒤로 노릇하게 구워낸다.

오징어피망마늘볶음 _ 4인분

재료와 분량
오징어 1마리
감자 1개
피망 1개
다진 마늘 1큰술
후춧가루 · 샐러드유
소금 약간씩

이렇게 만들어요

1 오징어는 다리를 당겨서 내장을 제거하고, 껍질을 벗겨서 깨끗하게 씻은 다음 반으로 가른다.

2 ①의 오징어를 4~5cm 길이로 썬다. 다리도 같은 길이로 썬다.

3 감자는 채를 썰어서 물에 담가두었다가 건져 물기를 뺀다.

4 피망은 꼭지를 떼어내고 씨를 턴 후에 채를 썬다.

5 프라이팬에 기름을 두르고 다진 마늘을 넣어서 볶다가 오징어를 넣어 잘 볶는다.

6 ⑤에 감자를 넣어서 잘 볶는다. 감자가 익으면 피망을 넣어서 다시 볶는다.

7 ⑥에 소금과 후춧가루를 넣어서 간한다.

1 오징어는 다리를 당겨 내장을 제거한 뒤 몸통에 있는 단단한 심을 없앤다. 2 껍질을 말끔히 벗겨 사용한다. 푸른 피망과 음식의 색을 맞추는 것이 포인트인데, 껍질이 남아 있으면 정갈한 음식 모양을 만들기 어렵다.

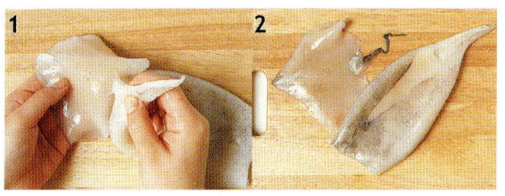

매실간장오징어무침 _ 4인분

재료와 분량

오징어 2마리
가지 1개
피망 1/2개
무 50g
절인 매실 4개
간장 2큰술
설탕 1작은술
청주 1큰술
소금 약간

이렇게 만들어요

1 오징어는 내장을 제거하고 껍질을 벗겨 깨끗하게 씻어서 폭 1cm, 길이 4cm 크기로 썬다.

2 오징어 다리는 4cm 길이로 썬다.

3 가지는 4cm 길이로 토막을 내고 다시 4등분해 찬물에 담가둔다.

4 피망은 꼭지를 떼어내고 속을 턴 후에 채를 썬다. 무는 채를 썰어서 찬물에 헹궈 물기를 뺀다.

5 끓는 물에 소금을 넣고 피망과 가지를 넣어 살짝 데친 다음 건져서 물기를 뺀다. 이 물에 오징어를 넣고 데쳐서 건진다.

6 매실은 씨를 발라내고 작게 썬다.

7 ⑥을 볼에 담고 간장과 설탕, 청주를 분량대로 넣어서 잘 섞는다.

8 ⑦에 데친 오징어와 가지, 피망, 무를 넣어서 살짝 무쳐낸다.

1 가지는 4cm 길이로 토막을 낸 다음 4등분해 찬물에 담가둔다. 2 끓는 물에 소금을 넣고 피망과 가지를 넣어 살짝 데친 다음 건져서 물기를 뺀다.

두부오징어볼 _ 4인분

재료와 분량
두부 1모
오징어 50g
다진 양파 2큰술
밀가루 2큰술
다진 마늘 1/2큰술
레몬주스 1/2작은술
달걀 1/2개
소금 · 후춧가루 약간씩
달걀 노른자 1개
파슬리 약간

소스
스테이크소스 2큰술
케첩 1큰술
우스터소스 1/2큰술

이렇게 만들어요

1 두부는 면 보자기로 싸서 무거운 것으로 눌러 물기를 빼준다.

2 오징어는 껍질을 벗겨 잘게 다져 준비한다.

3 볼에 두부와 오징어, 다진 양파, 다진 마늘, 밀가루, 레몬주스, 소금, 후춧가루, 달걀을 분량대로 넣고 잘 치대어준 뒤 지름 2cm 정도의 크기로 완자를 빚는다.

4 달걀 노른자를 풀어 완자 윗부분에 발라주고, 180℃로 예열된 오븐에서 15분간 구워준다.

5 재료를 분량대로 섞어 소스를 만들어 ④의 완자 위에 바르고, 다진 파슬리를 솔솔 뿌려 낸다.

Cooking Tip

두부는 쉽게 부서지기 쉬운 재료로 조심해서 씻어야 한다. 포장되어 있는 두부를 씻을 때는 물이 넉넉하게 담겨 있는 그릇에 살짝 옮겨놓아 조심스럽게 헹군다. 두부에 수분이 많이 남아 있을 경우에는 마른 가제로 감싸 살짝 눌러 물기를 없애고, 수분을 완전히 빼고 싶다면 같은 방법으로 한참 동안 눌러주면 된다.

오징어말이 냉채
_ 4인분

재료와 분량
오징어 1마리
당근 1/2개
오이 1/2개
표고버섯 3장(간장 · 설탕 약간씩)

초간장소스
식초 3큰술
설탕 1½큰술
간장 1작은술
소금 1/2작은술
다시마 우린 물 2큰술

이렇게 만들어요

1 오징어는 신선한 것을 준비하여 소금으로 문질러 껍질을 벗긴 후, 가로와 세로로 잔 칼집을 넣은 다음 끓는 물에 소금을 약간 넣고 데친다.

2 오이와 당근은 0.3cm 두께, 10cm 길이로 채 썰고, 당근은 끓는 소금물에 데쳐낸다.

3 표고버섯은 부드럽게 불려 뒷기둥을 떼고 채로 썬 다음 간장, 설탕에 양념하여 볶는다.

4 ①의 오징어에 준비한 재료를 넣고 말아서 2cm 길이로 썬다.

5 그릇에 담고 초간장소스를 분량대로 만들어 먹기 직전에 뿌린다.

갑오징어
오색회
_ 4인분

재료와 분량
갑오징어 1마리
당근 1/4개
오이 1/2개
표고버섯 2개
달걀 1개

잣소스
설탕 2큰술
식초 2큰술
소금 1작은술
잣가루 1작은술
다진 마늘 1작은술
다진 파 1큰술

이렇게 만들어요

1 갑오징어는 껍질을 벗겨 안쪽으로 칼집을 넣고 먹기 좋은 크기로 썰어 끓는 물에 데친다.

2 달걀은 황백으로 나누어 소금으로 간한 뒤 지단을 부친다.

3 지단과 야채는 5cm 길이로 가늘게 채 썬다.

4 잣은 곱게 다져 분량의 설탕 · 식초 · 소금을 넣고 섞은 다음, 다진 파와 다진 마늘을 넣고 다시 한 번 골고루 섞는다.

5 접시의 중앙에 갑오징어 데친 것을 담고 주위에는 오이, 당근, 버섯, 달걀지단 채를 색스럽게 얹은 후 먹을 때 잣소스를 끼얹어 버무린다.

브로콜리만두와 초고추장소스
_ 4인분

재료와 분량
만두피 20장
브로콜리 200g
오징어 1마리
양파 1/2개
소금 · 후춧가루 약간씩
샐러드유 약간
참기름 1작은술

초고추장소스
고추장 4큰술
설탕 1½큰술
식초 1큰술
다진 마늘 1/2큰술
사이다 1큰술
깨소금 1/2큰술
참기름 1큰술
통깨 약간
레몬즙 1큰술

이렇게 만들어요

1 브로콜리는 작은 송이로 나누어서 끓는 물에 데쳐 찬물에 헹군 다음 다지듯이 썬다.

2 오징어는 껍질을 벗겨서 다지고, 양파도 곱게 다진다.

3 프라이팬에 기름을 두르고 양파를 넣어서 볶다가 오징어를 넣고 볶는다. 여기에 브로콜리를 넣어 살짝 볶은 후 소금과 후춧가루를 넣어서 간한다.

4 분량의 소스 재료를 섞어서 초고추장소스를 만든다.

5 만두피에 ③의 만두소를 한 숟가락씩 넣어서 만두를 빚는다.

6 끓는 물에 참기름 1작은술을 넣고 만들어둔 만두를 넣어서 만두피만 익도록 재빨리 삶아서 초고추장소스와 곁들여 낸다.

Cooking Tip
브로콜리는 입자가 빽빽하고 둥글며 무거운 것을 고르는 것이 좋으며, 비타민 C가 파괴되지 않도록 재빨리 데치는 것이 포인트다. 브로콜리는 녹황색 채소 가운데 가장 영양가가 높으며, 각종 비타민과 미네랄은 물론 항암 효과와 노화 방지 효능을 지닌 셀레늄이 많이 함유되어 있는 건강 식품이다.

오징어달걀소스덮밥 _ 4인분

재료와 분량

오징어 2마리
달걀 4개
완두콩 통조림 2큰술
밥 4공기
소금 · 후춧가루 약간씩
샐러드유 약간

소스

맛국물 2컵
청주 2큰술
맛술 2큰술
간장 1큰술
녹말물(녹말가루:물=1:1) 2큰술
생강즙 1/2작은술

이렇게 만들어요

1 오징어는 껍질을 벗겨서 1cm 폭, 3cm 길이로 썬다.

2 완두콩 통조림은 체에 밭쳐 물기를 빼놓는다. 달걀은 잘 풀어놓는다.

3 냄비에 맛국물을 넣고 청주와 맛술, 간장을 넣어서 끓인다.

4 ③에 녹말물을 넣고 끓이다가 생강즙을 넣고 살짝 끓여 소스를 만든다.

5 프라이팬에 기름을 두르고 오징어를 넣어서 볶다가 달걀 푼 것을 넣고 스크램블 하듯이 잘 볶는다. 여기에 완두콩을 넣고 소금과 후춧가루를 뿌려서 간한다.

6 그릇에 밥을 담고 ⑤를 얹은 후 ④의 소스를 끼얹어서 낸다.

1 오징어는 껍질을 벗겨서 1cm, 3cm 크기로 썬 다음 팬에 기름을 두르고 볶다가 달걀 푼 것을 넣는다. 2 달걀 스크램블을 하듯이 잘 볶는다.

오징어불고기 _ 4인분

재료와 분량
오징어 1마리
쑥갓 약간

양념장
고추장 1큰술
고춧가루 1큰술
간장 1큰술
다진 파 1½큰술
다진 마늘 1½큰술
설탕 1½큰술
깨소금 1큰술
참기름 1큰술
후춧가루 약간

이렇게 만들어요

1 오징어는 신선한 것을 준비하여 배를 가르고 내장을 뺀다. 껍질을 벗기고 가로, 세로로 칼집을 넣는다.

2 양념장을 준비한다.

3 손질한 오징어에 양념장을 바른 후 열이 오른 석쇠나 팬에 굽는다.

4 먹기 좋은 크기로 잘라 쑥갓을 곁들여 놓는다.

오징어 손질해서 조리하기

왼손으로 몸통을 잡고 오른쪽 손가락을 넣어 내장을 빼낸 다음 다리 부분의 내장을 조심스럽게 빼낸다. 몸통 끝을 잡고 지느러미 부분을 잡아당기면서 천천히 껍질을 벗기고, 몸통 바깥쪽 면에서 칼로 가운데를 자른다. 연골을 손으로 잡아 떼어내고 다리 위에 있는 내장을 잘라낸다. 내장 바로 윗부분을 자르면 내장이 터질 수 있으므로 조금 간격을 주고 자른다. 눈 주위를 잡고 칼로 눈을 깨끗이 도려내고 손으로 입의 좌우를 누른 뒤 입을 떼어낸다. 다리마다 붙어 있는 빨판을 칼날로 긁어내고, 지느러미 중앙에 세로로 얇게 칼집을 낸다. 칼집 낸 곳에서 껍질을 잡아당겨 벗기면 쉽다. 손질이 끝나면 흐르는 물에 오징어를 씻어 칼을 뉘어 비스듬히 교차하여 칼집을 낸 다음 적당한 크기로 썬다.

··· 오징어 100g 어림치
사방 10cm 크기의 오징어 2장

알아두면 좋아요!

··· 오징어는 살짝 데친 다음 잠깐 조리세요!

오징어는 부드러운 감칠맛이 그만이죠. 하지만 오징어를 조리면 쉽게 질겨져 오징어 특유의 맛을 내기가 어렵지요. 질기지 않게 조리는 비결은 조림의 시간에 있어요. 조리기 전에 오징어를 살짝 데친 다음 조림장에 넣는 것이 포인트예요. 조리는 과정은 양념이 잘 배게 하는 과정일 뿐, 오징어를 익히는 과정이 아니거든요. 다른 조리방법으로는 설탕으로 만든 조림간장 대신 물엿을 넣는 것도 좋아요. 물엿을 넣으면 윤기가 돌고 맛도 좋아진답니다.

··· 오징어 · 낙지의 말림을 방지하려면
    소금을 뿌려주세요!

오징어와 낙지는 굽거나 삶으면 잘 말리는데, 이것은 오징어를 구성하고 있는 네 층의 조직이 서로 다르기 때문이에요. 조직을 이루는 콜라겐이라는 섬유가 가늘고 길게 수평으로 되어 있어서 열을 받으면 수축되어 말리게 됩니다. 오징어 · 낙지의 말림을 방지하려면 굽기 전에 소금을 치고, 석쇠로 눌러 앞뒤를 고루 구워주세요.

오징어해물찌개 _ 4인분

재료와 분량
오징어 1마리
모시조개 10개
당근 50g
표고버섯 2장
대파 1대
쑥갓 · 미나리 약간씩
소금 약간

양념장
고춧가루 2큰술
다진 마늘 2큰술
간장 1큰술
소금 · 후춧가루 약간씩
맛술 2큰술

이렇게 만들어요

1 오징어는 내장을 빼고 껍질을 벗긴다. 이때 왕소금을 이용하면 껍질을 벗기는 것이 쉽다.

2 사방으로 잔칼집을 넣은 후 먹기 좋은 크기로 썬다.

3 모시조개는 소금물에 바락바락 씻은 후 소금물에 담가 해감시킨다.

4 표고버섯은 따뜻한 물에 불려 기둥을 떼낸 후 채 썬다. 대파는 채 썰고, 당근은 납작하게 썬다.

5 미나리는 깨끗이 다듬어 흐르는 물에 잘 씻은 후 4cm 길이로 썬다.

6 냄비에 물을 붓고 끓으면 모시조개를 넣어 끓인다. 국물은 체에 밭쳐 걸러낸다.

7 고춧가루 2큰술에 다진 마늘, 간장, 소금, 후춧가루, 맛술을 넣고 양념장을 만든다.

8 냄비에 모시조개 국물과 양념장을 넣고 끓이다가 오징어, 표고버섯, 당근을 넣는다.

9 한소끔 끓으면 모시조개와 채 썬 대파, 쑥갓, 미나리를 넣고 불을 끈다.

물오징어조림 _ 4인분

재료와 분량
오징어 2마리
무 150g

양념장
간장 3큰술
맛술 2큰술
설탕 2큰술
소금 1작은술
물엿 2큰술

이렇게 만들어요

1 오징어는 통으로 내장을 뺀다.

2 굵은 소금을 뿌려서 껍질을 벗긴다.

3 껍질을 벗긴 오징어는 씻어서 둥글게 썬다.

4 무는 껍질을 깨끗이 씻는다.

5 씻은 무를 사방 3cm 크기로 도톰하게 썬다.

6 분량의 재료를 섞어 양념장을 만든다.

7 냄비에 무를 담고 양념장을 넣는다.

8 ⑦에 물 1컵을 붓고 조린다.

9 양념장과 무가 윤기 나게 조려지면 오징어를 넣고 살짝 조린다.

10 불을 끄고 접시에 담아 낸다.

Cooking tip

먹다 남은 데친 오징어는 초고추장에 오이, 풋고추, 풋마늘대 등을 넣어서 오징어 초무침으로 만들어 먹으면 좋다. 식초를 더 넣거나 설탕을 넣으면 새로운 반찬이 된다.

오징어통샐러드 _ 4인분

재료와 분량
오징어 2마리
감자 2개
당근 1/6개
옥수수 3큰술
오이 1/3개
마요네즈 3큰술
소금 약간
흰후춧가루 약간
치커리 약간
방울토마토 1개
무 조금

이렇게 만들어요

1 오징어 다리는 자르고 내장을 제거한 후 껍질을 벗겨 씻는다.

2 무를 넣어 끓인 물에 소금을 넣고 씻은 오징어를 넣고 데친다.

3 데친 오징어는 몸통은 그대로 두고 다리는 잘게 다진다.

4 감자는 껍질을 벗긴 다음 썰어서 소금물에 삶은 후 으깬다.

5 당근은 잘게 썰어 삶은 다음 으깬다.

6 옥수수는 체에 받쳐 물기를 없앤다.

7 오이는 0.3cm 굵기로 다진다.

8 다진 오징어 다리에 준비한 으깬 감자와 옥수수, 오이, 당근과 마요네즈, 소금, 흰후춧가루를 넣고 섞는다.

9 오징어 몸통에 ⑧을 넣고 썰어서 접시에 담아낸다.

10 방울토마토나 치커리로 모양 내어 멋을 더해준다.

Cooking Tip
끓는 물에 식초나 레몬주스를 한 스푼 넣으면 한결 부드럽게 감자가 삶아진다. 감자가 뜨거울 때 분마기나 으깨는 기구를 사용하여 곱게 으깨면, 평소보다 고운 느낌의 으깬 감자를 맛볼 수 있다.

오징어토마토 소스찜

_ 4인분

재료와 분량
오징어 2마리
토마토 1개
월계수잎 1장
토마토케첩 1/2컵
다진 파슬리 약간
소금 · 후춧가루 · 밀가루 약간씩
백포도주 1/2컵
마늘 2톨

소 재료
양파 1/2개, 셀러리 1/3줄기
햄 80g, 빵가루 7큰술
소금 1/4작은술
후춧가루 약간
다진 파슬리 3큰술

이렇게 만들어요

1 양파는 껍질을 벗긴 뒤 셀러리와 함께 물에 씻어 다진다. 햄도 같은 크기로 다져놓는다.

2 오징어는 다리를 당겨 내장을 빼낸 뒤 껍질을 벗겨 깨끗하게 씻는다. 오징어 다리는 잘게 다진다.

3 마늘은 껍질을 벗겨 곱게 다지고, 토마토는 윗면에 칼집을 넣어 끓는 물에 살짝 데쳐 껍질을 벗겨 다진다.

4 프라이팬에 기름 1큰술을 두른 뒤 양파와 셀러리를 넣고 볶다가 오징어 다리와 햄을 넣어 계속해서 볶는다. 소금과 후춧가루를 넣어 간을 맞춘다.

5 ④에 빵가루와 다진 파슬리를 넣어 다시 잘 볶아 소 재료를 완성한다.

6 오징어 몸통에 ⑤의 소를 70% 정도 채워 넣은 뒤 꼬치를 이용해서 끝부분을 오므린다. 꼬치로 몸통을 찔러놓은 뒤 밀가루를 고루 뿌린다.

7 프라이팬에 기름을 두른 뒤 ⑥의 오징어를 넣어 지진다. 다져놓은 마늘과 월계수잎을 넣어 다시 굽는다.

8 ⑦에 다진 토마토, 토마토케첩, 백포도주, 소금, 후춧가루를 넣은 다음 뚜껑을 닫고 10분 정도 조려 완성한다.

오징어매운김칫국

_ 4인분

재료와 분량

오징어 1마리
배추김치 200g
풋고추 1개
붉은 고추 1개
대파 1대
다진 마늘 1큰술
고춧가루 1큰술
멸치국물
(국물 멸치 10마리, 물 7컵)
소금 · 후춧가루 약간씩

이렇게 만들어요

1 오징어는 껍질을 벗겨낸 후 물에 헹궈 안쪽에 사선으로 칼집을 넣고 1cm 폭으로 자른다. 다리에도 칼집을 넣고 4cm 길이로 썬다.

2 김치는 소를 턴 다음 2cm 길이로 썰고, 고추는 어슷썰어 씨를 털어낸다. 대파는 채 썬다.

3 멸치국물을 내어 냄비에 담아 끓이다가 김치와 ①을 넣고 팔팔 끓인다.

4 ③에 대파, 다진 마늘, 고춧가루를 넣어 매운맛을 더한 다음 끓으면 거품을 걷는다.

5 국물 맛이 시원하게 우러나면 소금과 후춧가루로 맛을 내고, 붉은 고추와 풋고추를 넣어 좀더 끓인다.

Cooking Tip

오징어로 찌개를 끓일 때는 센 불에서 살짝 데쳐 조리해야 제맛을 낼 수 있다. 멸치국물 대신 모시조개 국물을 내어 끓여도 좋다. 여기에 큼직하게 통무를 썰어 넣고 다시마를 곁들이면 육수의 맛이 한결 좋다. 오징어는 맛이 강하기 때문에 따로 육수를 마련하지 않아도 다른 몇 가지 재료(채소)로 찌개 맛을 낼 수 있으므로, 육수 만들기를 생략해도 괜찮다.

낙지요리

여름철 최고의 스태미너 음식, 낙지

인삼 한 근과 맞먹는다는 낙지는 여름철의 스태미너 음식으로는 최고다. 낙지의 주성분인 양질의 단백질은 스태미너 식품의 주요소로, 이것이 부족하면 성호르몬 분비가 잘 이루어지지 않으며 스트레스에 약해진다. 또 뇌세포 재생에 지장을 주어 뇌의 기능이 제대로 발휘되지 못하게 한다. 낙지와 문어에 들어 있는 특수 성분인 타우린은 불감증 치료와 간의 작용을 도우며 신진대사를 원활하게 하는 효과가 있다. 낙지에 들어 있는 콜레스테롤은 참기름이나 마늘을 곁들여 먹으면 그 피해를 줄일 수 있다. 흡반이 제대로 붙어 있으면서 눈알이 튀어나올 것처럼 신선한 낙지는 겨울철에 더욱 맛있다.

낙지는 문어, 쭈꾸미와 마찬가지로 다리가 8개로 연한 살을 가지고 있다. 흔히들 낙지 다리가 세 개일 것이라고 생각하는 세발낙지도 다리는 8개이고, 씹으면 씹을수록 고소한 맛과 달콤한 맛이 입에 배어든다. 세발낙지는 다리가 새의 다리처럼 가늘다[細]하여 세발이라 불리게 된 것이다.

낙지의 100g 어림치 손질한 낙지 다리를 토막내어 손으로 쥐었을 때 한 움큼 정도

국내산 낙지	vs	수입산 낙지
** 몸 빛깔이 회백색 또는 회색이다.		** 몸 빛깔이 선명한 갈색을 띤다.
** 다리가 가늘고, 흡반이 작은 편이다.		** 다리가 굵고, 흡반이 대체로 큰 편이다.
** 대부분 살아 있는 상태로 유통되고 있다.		** 대부분 냉장 또는 냉동 상태로 유통되고 있다.

plus cooking

낙지볶음과 소면 _ 4인분

재료와 분량
낙지 1마리(소금 약간)
양파 1/2개
당근 1/4개
붉은 고추 1개, 풋고추 1개
대파 1대, 식용유 약간
소면 200g, 쑥갓

양념장
고춧가루 2큰술, 고추장 1큰술
다진 마늘 1큰술
다진 생강 1/2큰술, 설탕 1큰술
깨소금 1큰술, 참기름 1큰술
진간장 1큰술
후춧가루 · 소금 약간씩

이렇게 만들어요

1 낙지는 내장을 빼고 굵은 소금을 뿌려 바락바락 주물러서 깨끗하게 씻은 다음 한 입 크기로 썰어둔다.

2 양파는 껍질을 벗기고 도톰하게 채 썬다.

3 당근은 깨끗이 씻어서 반으로 잘라 어슷하고 얄팍하게 썬다.

4 붉은 고추, 풋고추는 씨를 턴 다음 어슷하게 썰고, 대파도 어슷썬다.

5 준비한 재료를 고루 섞어 양념장을 만든다.

6 두툼한 팬에 양파, 당근, 붉은 고추를 볶다가 양념장을 넣어 볶는다.

7 ⑥의 야채가 어느 정도 익으면 손질한 낙지를 넣고 살짝 볶다가 소금으로 간을 맞추고, 풋고추와 파를 넣어 살짝 익혀 낸다.

8 소면은 삶아서 손으로 예쁘게 사리를 말아 접시에 돌려 담고, 가운데 ⑦의 낙지볶음을 담는다. 쑥갓으로 먹음직스럽게 장식한다.

plus
cooking

낙지불고기 전골
_ 4인분

재료와 분량
낙지 1마리, 쇠고기 80g
실파 100g, 표고버섯 5장
붉은 고추 2개, 양파 1/2개
쑥갓 30g, 육수 3컵(간장 1작은술,
소금 2작은술, 설탕 약간)

쇠고기 양념
간장 2작은술, 다진 파 2작은술
다진 마늘 1작은술
깨소금 · 참기름 · 설탕 ·
후춧가루 · 생강즙 약간씩

낙지 양념
간장 1/2큰술, 다진 마늘 1큰술
다진 파 1큰술
깨소금 · 소금 약간씩

이렇게 만들어요

1 낙지는 머리에 칼집을 넣어 먹통이 터지지 않게 소금을 뿌려 박박 문질러 손질한 다음 8cm 길이로 잘라 양념해서 10분 정도 재어둔다.

2 쇠고기는 채 썰어 분량의 간장, 다진 마늘과 파, 깨소금, 참기름, 설탕, 후춧가루, 생강을 넣어 양념한다.

3 실파는 5cm 길이로 썰고, 불린 표고버섯도 실파와 같은 길이로 채 썬다. 양파는 껍질을 벗겨 손질한 뒤 굵게 채 썬다.

4 붉은 고추는 채 썰고, 쑥갓은 깨끗이 손질하여 5~6cm로 다듬어놓는다. 육수는 소금, 설탕, 간장, 후춧가루로 간한다.

5 전골 냄비에 양념한 쇠고기와 양파를 깔고 낙지를 얹은 다음, 냄비 둘레에 갖은 채소를 보기 좋게 돌려 담는다.

6 간을 맞추어 놓은 육수를 붓고 15분 정도 끓인다.

낙지실파숙회 _ 4인분

재료와 분량
낙지 2마리
실파 25줄기
깻잎 12장
굵은 소금 약간
소금 약간

양념장
고추장 2큰술
고운 고춧가루 1작은술
양파즙 1큰술
사과즙 2큰술
꿀 1작은술
레몬식초 2큰술
통깨 1작은술
다진 마늘 1작은술

이렇게 만들어요

1 낙지는 손질해 물기를 뺀다.

2 낙지 다리에 잔칼집을 넣어 4cm 길이로 썬다.

3 실파는 다듬어 씻어 냄비에 소금 약간을 넣은 다음 끓으면 살짝 데쳐서 찬물에 헹궈 물기를 꼭 짠다.

4 깻잎은 깨끗하게 씻어 물기를 털고 길이로 반 가른다.

5 고추장에 고운 고춧가루를 넣어 색이 우러나도록 개어준 뒤에 양파즙과 사과즙을 넣고 섞은 다음 꿀과 레몬식초, 통깨, 다진 마늘을 넣어 혼합하여 새콤달콤하면서 부드러운 양념장을 만든다.

6 깻잎을 도마에 한 장씩 깔고 낙지 다리를 한 개씩 올려 만 다음 실파로 돌돌 말아 묶는다.

7 낙지 실파 숙회를 접시에 돌려 담은 후 양념장을 가운데 놓고 상에 낸다.

낙지조개스프
_ 4인분

재료와 분량

낙지(큰 것) 1마리
모시조개 200g
끓인 물 2컵
양파 1/2개
다진 마늘 2큰술
셀러리 1/2줄기
마른 고추 2개
올리브유 2큰술
파스타 삶은 것 70g
토마토소스 1컵
레드와인 1/2컵, 월계수잎 1장
오레가노 · 다진 파슬리 약간씩
소금 · 후춧가루 약간씩

이렇게 만들어요

1 양파는 잘게 썰고, 셀러리는 어슷하게 썬다.

2 낙지는 큰 것으로 준비해서 깨끗이 손질하여 씻은 후 3cm 길이로 자른다. 조개는 옅은 소금물에 담가 해감을 제거한다.

3 마늘, 양파, 셀러리를 올리브유에 볶다가 1cm 폭으로 자른 마른 고추를 넣고 볶는다.

4 ③에 ②의 낙지와 조개를 넣고 1분간 센 불에서 볶다가 팔팔 끓는 물을 넣어준 다음 3~4분간 더 끓여준다.

5 ④에 레드와인을 넣고 토마토소스와 오레가노, 월계수잎을 넣은 다음 소금과 후춧가루로 간하여 끓여준다.

6 ⑤에 삶아놓은 파스타를 넣고 2~3분간 더 끓인 후 파슬리를 뿌린다.